◆印は不明確な年号、ころの意味です。

	文化		世界の動き	西暦
1703	近松門左衛門『曽根崎心中』			1700
1715	新井白石『西洋紀聞』			
◆	寺子屋普及、庶民教育すすむ			
1720	江戸町火消し、いろは組はじまる			
1729	石田梅岩、京都で心学を提唱			
1734	青木昆陽『甘藷之記』			
1746	竹田出雲『菅原伝授手習鑑』	1748	モンテスキュー『法の精神』	
				1750
1754	山脇東洋、京都で死体解剖			
1757	賀茂真淵、松坂で本居宣長と出会う	1752	フランクリン避雷針を発明	
1764	平賀源内、火浣布を発明			
1768	上田秋成『雨月物語』	1765	ワット、蒸気機関を発明	
1774	杉田玄白『解体新書』			
1776	円山応挙『藤花図屏風』	1775	アメリカ独立戦争（—1783）	
1777	与謝蕪村『夜半楽』			
1790	寛政異学の禁	1789	フランス革命	
1793	塙保己一、和学講談所を設立		アメリカ＝ワシントン大統領	
1798	本居宣長『古事記伝』			
				1800
1802	十返舎一九『東海道中膝栗毛』	1804	ナポレオン、皇帝に即位	
1804	喜多川歌麿、50日の処罰をうける			
1814	滝沢馬琴『南総里見八犬伝』	1814	スチーブンソン蒸気機関車製作	
1819	塙保己一『群書類従』			
1824	葛飾北斎『富嶽三十六景』	1815	シューベルト、『野ばら』	
1833	安藤広重『東海道五十三次』			
				1840

目　次

塙保己一	文・今井育雄 絵・岩本暁顕	……………… 6
良　寛	文・ワシオトシヒコ 絵・鮎川　万	………… 20
葛飾北斎	文・有吉忠行 絵・鮎川　万	……………… 34

石田梅岩	文 岩間ゆたか	絵 高山　洋	……… 48
賀茂真淵	文 有吉忠行	絵 高山　洋	……… 50
青木昆陽	文 はやしたかし	絵 足立一夫	……… 52
与謝蕪村	文 有吉忠行	絵 高山　洋	……… 54
田沼意次	文 有吉忠行	絵 高山　洋	……… 56
円山応挙	文 有吉忠行	絵 高山　洋	……… 58
上田秋成	文 有吉忠行	絵 高山　洋	……… 60
読書の手びき	文 子ども文化研究所		………… 62

せかい伝記図書館　28

塙保己一
良　寛
葛飾北斎

いづみ書房

塙保己一（はなわ ほきいち）
(1746—1821)

すばらしい記憶力と努力で『群書類従』の編集に一生をかけた、江戸後期の盲目の国学者。

● 5歳のときに光を失って

「番町で目あきめくらに道をきき」という川柳があります。この川柳は、いまから200年ほど前に、江戸（東京）の番町というところで塾を開いていた、塙保己一という盲目の学者のことを、おもしろくよんだものです。

この川柳の「道」とは、目的の場所へ行くときに人にたずねる道以外に、もうひとつ、学問の道という意味がふくまれています。ほんとうは、目の不自由な人が目の見える人に道を教わるのがふつうなのに、番町では、目の見える人が盲目の保己一に教わったという意味です。

保己一は、まったくの盲人でした。ところが、おおくの書物を世にだし、日本の古い貴重な書物を集めた『群書類従』という大きな全集を作りあげました。目の見えない人が、たくさんの書物をまとめたという話は、世界

じゅうをさがしても、ほかに見あたりません。では、保己一は、どんな人だったのでしょうか。

　保己一は、1746年5月5日、武蔵国（埼玉県）児玉郡保木野村の農家に生まれました。初めの名は寅之助、そのご何度も名まえをかえています。

　明るい太陽がふりそそぐ野山にかこまれて、保己一はすくすくと育っていきました。ところが、5歳のころ、重い病気にかかってしまいました。そして、何日も高い熱がつづいて体が弱っていくうちに、しだいに視力がおとろえ、やがて光を失ってしまったのです。

　父も母も、なげき悲しみました。よい医者がいると聞

けば、保己一を背負ってたずねて行き、目にきく薬があると聞けば、金を惜しまずに買い求めました。神や仏にすがったことも、名まえをかえてみたこともありました。しかし、ついに、保己一の目に光はもどりませんでした。

● 和尚をおどろかせた記憶力

　保己一は、しっかりした子どもでした。父や母の悲しみをよく理解して、いつも明るくふるまうように、自分から心がけました。
「目が見えなくても、ふつうの人に負けないくらいの知識は、身につけさせてやらなければ……」
　やがて保己一は、両親のこのようなねがいで、寺の和尚が開いていた寺子屋へかよい始めました。
　保己一は目が見えませんから、寺子屋へ行っても字を書くわけでもなく、そろばんを習うわけでもありません。ただ、じっとすわって、和尚の話を聞いているだけでした。ところが、和尚が読み聞かせてくれた本の内容を、１度聞いただけなのに、たいへんよくおぼえていました。
　和尚は、あるとき、保己一の記憶力をためしてみようと考えて、歴史物語『太平記』の初めのほうを読み聞かせてみました。すると保己一は、ひとこともまちがえずに、おぼえているではありませんか。

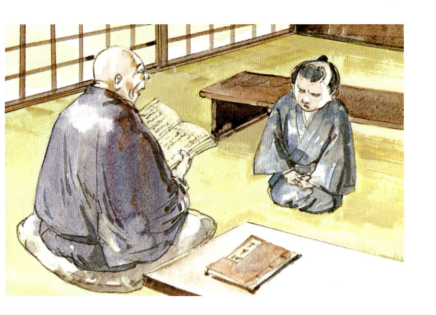

　すっかりおどろいた和尚は、それからも毎日、少しずつ読み聞かせをつづけました。そして、およそ半年かかって『太平記』全部の読み聞かせを終えると、すぐに、保己一に初めから暗唱させてみました。
　保己一は、すらすらと暗唱していきます。途中でひっかかることもありません。まちがいもありません。
「ああ、こんなにかしこい子の目を、仏さまは、なぜ救ってくださらなかったのだろう……」
　和尚は、なみだを流して、くやしがりました。
　１度耳に入れたことは、ぜったいに忘れなかったという話が、ほんとうのことであったかどうかは、わかりま

せん。でも保己一に、光を失ったかわりにすぐれた記憶力があったことは、けっしてまちがいではありません。

●商人に手をひかれて江戸へ

　保己一は、両親や和尚たちの愛情につつまれ、目が見えなくてもひねくれるようなこともなく、明るく成長していきました。畑しごとはてつだえませんが、自分でできることは自分でかたづけて、できるだけ、人にめいわくをかけないように心がけました。

　ところが、保己一が11歳になったとき、悲しいことがおとずれました。たとえようのないほど大きな愛情をそそいでくれた母が、病気で亡くなってしまったのです。

　保己一は、何日も何日も、母をしたって泣き暮らしました。でも、母はもうもどってはきません。やがて気をとりなおした保己一は、やさしかった母が、あの世でよろこんでくれるような人間になろうと、決心しました。

　それから3年ごのこと、保己一は、江戸へ行かせてくれるように父にたのみました。自分の力で生きる道をさがしたいと思ったからです。もちろん、目の不自由なことを気づかう父には、強く反対されました。しかし保己一は、何度もたのみつづけて、最後には、とうとう父を説きふせました。

　保己一は、知りあいの絹商人に手をひかれて江戸へでると、幕府の将軍につかえる、東条信濃守という旗本の家に住みこみました。保己一には、これが幸運でした。いろいろなことを学びたいという、保己一の心がけに感心した信濃守のせわで、雨富検校という身分の高い盲人のところへ、弟子入りさせてもらえることになったのです。

● 進み始めた学問の道

　検校というのは、盲人の最高の位です。雨富検校の弟子となった保己一は、あんま、針、琴、三味線など、これから生きていくために必要なしごとを習い始めました。

ところが保己一は、しばらくすると、なかまの弟子たちに、ばかにされるようになってしまいました。手でするしごとは、不器用なうえにのみこみが悪く、なにをやっても少しも上達しなかったからです。すっかり自信をなくしてしまった保己一は、いっそ死んでしまおうかとさえ、考えたこともありました。

　そんな毎日のなかで、保己一のただひとつの楽しみは、本を読み聞かせてもらうことでした。幸い、近くに住んでいた松平集尹という武士が、保己一の学問ずきなことを知って「わたしが読み聞かせてやろう」と、いってくれました。よろこんだ保己一は、熱心に、集尹の家へかよいつづけました。

　しかし、ある日、検校に注意されました。「目の見えぬ者が学者になったなどという話は、聞いたことがない。むりなことに熱中するのは早くやめたほうがよい」というのです。保己一が、それからも集尹のもとへ行くのをやめないでいると、何度も意見されました。でも最後に検校は、こういいました。

「よし、それほど学問がしたいのなら、いまから３年のあいだは、ここに置いてやろう。せいいっぱい学問にうちこんでみるがいい。そのかわり、３年たっても、ものにならなかったら、いなかへ追い返すぞ、よいな」

　保己一は、検校のきびしい言葉のかげにひそむ愛情になみだを流しました。検校は、こんなきびしい言葉で保己一をはげましてくれただけではありません。いろいろな学者を、保己一の先生につけてくれました。そのうえ、保己一が先生のもとへかよい始めると「きょうはどんなことを習ってきたか、先生の話はむずかしくはないか」などと、たずねない日はありません。保己一が勉強にうちこみすぎるのを気づかい、武蔵国から父をよびよせて、気ばらしの旅をさせてくれたこともありました。
「どんなことがあっても、師の愛情にこたえなければ」
　保己一は、1度習ったことはけっして忘れないことと、

1度ぎもんに思ったことは、ぜったいにそのままにしないことを心にちかって、ほんとうに命がけで学問にはげみました。

● 心をひかれた日本の古い書物

このころ、もっとも重んじられていた学問は、中国の古い書物を学ぶ漢学でした。保己一も、ひととおり漢学を学びましたが、やがて、日本人として、日本の古典を研究する和学（国学）を、もっと盛んにしなくてはならないと、思うようになりました。

その時代の和学のすぐれた学者には、賀茂真淵や本居宣長などがいました。保己一も、およそ半年ほど、真淵のもとで学びました。

和学の道へはいった保己一は、まず、ほろびかけている古典を集め、さらに内容を調べて、まちがった内容のものは正しくなおさなければならない、と考えました。

それまで、日本の古典は中国のものほど尊重されず、一部の有名なもののほかは、印刷されてはいませんでした。おおくの本は手で書き写してつたわり、内容を写しまちがえたものが少なくありませんでした。また、本の一部が、なくなってしまったものもありました。保己一が、本を集めることから始めたのは、そのためです。

　無数の古典を集めて調べていくことは、たいへんな費用と時間が必要です。でも、天満宮に祈って決意をかためた保己一は、おじけずに進んでいきました。
　38歳のとき保己一は検校になり、学問の深さをつたえ聞いた人びとが、しだいに集まってくるようになりました。とくに、盲目の学者が日本の古典を集めて、のちの世に残そうとしているという話が、人びとをおどろかせ感心させたのです。そして、その評判はやがて幕府にまでとどき、40歳のときには水戸（茨城県）の徳川家にまねかれ、書物のまちがいを正すしごとに力をつくしました。
　保己一の最大の業績となった『群書類従』の編集に、

いよいよとりかかったのは、水戸にまねかれたつぎの年からだとつたえられています。『群書類従』とは「たくさんの書物を種類別に集めたもの」という意味です。

●暗記でまとめていった『群書類従』

保己一は『群書類従』を編集していくこととあわせて、幕府にねがいでて、学校と研究所をひとつにした和学講談所をつくり、おおくの弟子たちへの講義も始めました。豊かな学識とじょうずな講義は、またたくまに広く知れわたり、みるみるうちに弟子がふえたということです。

『群書類従』の編集と出版には、少しずつ、幕府の援助がえられるようになっていきました。また、幕府の役人のなかにも保己一の弟子になる者がふえ、その役人たちは自分からすすんで、出版のしごとをてつだってくれました。保己一の情熱に心をうたれて、利息や期限なしで大金を貸してくれた大商人もありました。

1794年、49歳のときに、それまで少しずつ出版してきた40数冊の『群書類従』をまとめて、幕府へ献上しました。日本の古典がみごとに整理されている『群書類従』が、幕府の身分の高い人びとの目を見はらせたのは、とうぜんです。保己一は、大きなほうびをもらうと、ますます意欲をもやして、つぎの年からは毎月4冊ずつ

出版していきました。
　目の見えない保己一が書物を編集していく苦労は、目の見える人には、とても想像できないものでした。
　保己一は、ひとつの書物を弟子に読ませて、それを聞きながら暗記していきます。つぎに、同じ題名の書物でも、内容が少しちがってつたえられてきたものを、やはり弟子に読ませます。このようにして、いくつもの書物を読みあげてもらっているうちに、保己一の頭のなかで、それぞれちがっているところが、整理されていきます。
　そして、いちばん正しいと思われる書物が決まると、その書物を中心に、ほかの書物にもあたりながら、記述

や内容のこまかいところをまとめていったのです。

　弟子たちの助けがないとできないしごとですが、保己一の暗記力のすばらしさには、だれもが、おどろくばかりでした。

● 不可能なことを可能に

　できあがった書物の正しい原稿は、板に彫られて印刷されます。その板を置く倉庫を建てる資金の一部や用地は、幕府から借りることができました。また、江戸城のなかの幕府の図書館を利用することがゆるされ、日本の古典の研究と『群書類従』の出版は、波にのって進められていきました。

　1819年、保己一は、ついに『群書類従』670冊の出版をなしとげました。このとき、保己一はすでに74歳、30数年間にわたる大事業でした。ところが、それからわずか2年ごに大事業を終え、もう思い残すことはないかのように、学問ひとすじの生涯を終えてしまいました。総検校という、盲人の最高の位を与えられたばかりでした。

　保己一が、自分の出世や欲望のために生きたのではないということは、あまりにも明らかです。一生、学問の山にむかって登りつづけた保己一は、身は光のない世界に生きても、心には、金色の光がかがやいていたのでは

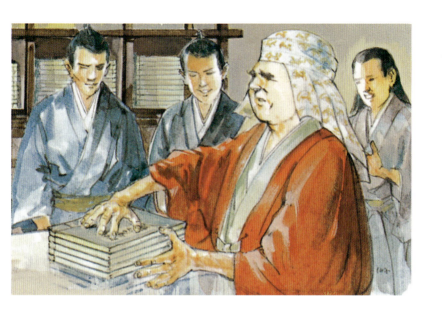

ないでしょうか。心はいつも美しく、金貸しが人を泣かせて手に入れたようなお金は、たとえ援助するといわれても、受けとらなかったということです。

保己一の残したものは『群書類従』のほかに『武家名目抄』や『史料』などの、おおくの著書があります。しかし、保己一が残したものは、それだけではありません。

「人間は努力すれば、世の中で不可能とされていることでも、可能にすることができる」「明るくやさしい心をもちつづけることが、まわりの人の心にも明るい灯をともし、しらないうちに自分が大きく高められる」

保己一は、無言のうちに、こんな教えを残しています。

良寛
りょうかん

(1758—1831)

自然を愛し、子どもたちを愛し、自由に歌をよみながら仏の道に生きた心あたたかい僧。

● 子どものような坊さん

　あたたかい春の日、村はずれの山あいから、子どもたちの歌ごえが聞こえてきます。手まりうたです。

　　おせんや　おせん　なぜ　かみゆわぬ

　　くしが　ないかや　かがみが　ないかや

　子どもたちにかこまれて、赤や黄色の糸でつくった手まりをぽくぽくついているのは、黒いころもを着て、わらじをはいた坊さんです。

　やがて、手まりの音が聞こえなくなると、こんどは、かくれんぼが始まります。おには、さっき手まりをついていた坊さんです。

「もういいかい」「まあだだよ」

　子どもたちが、どこかへかくれてしまったあとには、坊さんが、手でかおをおおって、地めんにうずくまって

います。つるりとした頭にも黒いころもにも、やわらかい光がいっぱい……。

この坊さんは、良寛です。

良寛は、僧になってから死ぬまで、自分の寺はもちませんでした。また、おおくの人を集めて仏の教えを説くようなことも、ありませんでした。およそ20年のあいだ、そまつな小さな家に、たったひとりで住み、どんな貧しさも気にしないで自由に暮らしました。

しかし、ただ気ままにあそび暮らしたのではありません。心のなかでは、仏にきびしくつかえていました。そして、自分ひとりのときは学問をつづけ、村から村へめ

ぐり歩くときは、無言のうちに自分のおこないで仏の教えを人びとに説いたのです。

けがれのない子どもたちがすきな良寛は、外にでるときには、いつも、手まりと、おはじきを持っていました。
「良寛さまだ。良寛さまだ」
良寛のすがたを見ると、子どもたちが集まってきます。すると良寛は、お経をとなえながら家いえをまわるのも忘れ、西の空が夕日で赤くそまるまで、子どもたちとあそびつづけたということです。

　　子どもらと手まりつきつつこの里に
　　　　　　あそぶ春日はくれずともよし

これは、良寛が作った歌です。子どもたちと手まりあそびをしているとほんとうに楽しい。こんな日は、いつまでも日が暮れないといい……。
良寛の、まるで春の日ざしのようなあたたかい心が、にじみでています。

●家をすてて坊さんに

良寛は、江戸時代の半ばすぎに、冬は雪ぶかい越後国（新潟県）の出雲崎に生まれました。父は、その土地をとりしまる名主をつとめ、歌をよむ歌人としてもすぐれた人でした。

　良寛は、少年時代の名を栄蔵といいました。栄蔵は、6人兄弟のいちばん上です。成長したら、父のあとをついで、名主にならなければなりません。幼いころから、友だちとあそぶよりも本を読むことがすきだった栄蔵は、10歳をすぎると学者のもとへ通って儒学を学び、ふかい学問を身につけていきました。
　15歳で、成人になる元服の式をあげて、名を文孝とあらため、名主の仕事のてつだいを始めました。
　ところが、17歳のとき、とつぜん名主の仕事をやめて近くの光照寺へ入り、出家して僧になってしまいました。
　名主は、ききんのときでも、貧しい農民たちから年貢

の米をとりたてなければなりません。代官の命令であれば、たとえわがままな命令でも村人に伝えて、守らせなければなりません。人と争うことのきらいな文孝は、よごれた権力のなかで生きていくことに、たえられなくなってしまったのです。

初めは、僧になることを父にも母にも、とめられました。しかし、人間どうし思いやりのある生活をもとめた文孝の決心は、もう、変わりませんでした。

文孝は、僧の名を良寛と名のり、名主の家にいたときのぜいたくな暮らしをきっぱりとすてて、僧になるためのきびしい修行を始めました。

光照寺で４年の歳月が流れ、1779年の春のことです。

良寛は、旅のとちゅうに光照寺に立ちよった、備中国（岡山県）円通寺の国仙和尚に会い、和尚の弟子になることを心に決めました。

「ふるさとを離れるのはさみしいけれど、備中へ行こう」

備中は、京の都よりも、まだまだ西です。父や母と別れたら、こんど、いつ会えるかわかりません。しかし、自分がもっているすべての欲をすててしまうことは、かくごしていたことです。良寛は、両親や弟や妹たちにみじかい言葉をのこして、海のむこうの佐渡島をながめながら、国仙和尚のあとにつづきました。

● 17年ぶりにふるさとへ

　22歳で、瀬戸内海にのぞむ円通寺へ入った良寛は、国仙和尚の教えをうけて修行をつむかたわら、鎌倉時代に禅僧の道元が書きのこした『正法眼蔵』95巻を読みつくして、禅の道をきわめました。

　心を空にして座禅をくめるようになった良寛は、しあわせでした。しかし、またたくまにすぎた10数年のあいだには、声をだして泣きたいほどの悲しみが、何度かおとずれました。円通寺へきて4年めに母の死をつげる手紙がとどき、その8年ごには、師とあおいできた国仙

和尚が亡くなり、さらに、その3年あとには、父が、朝廷よりも武士の力が強くなった世の中をなげいて、京都で自殺してしまったのです。
　師を失った良寛は、円通寺をあとにして、中国地方から四国へ修行の旅にでました。そして、およそ5年にわたる旅ののち、ふるさとの出雲崎へ帰ってきました。このとき良寛は、17年まえに別れたまま二度と会えなかった父と母へのいつくしみの心を、おさえることができなかったのかもしれません。すっかり変わってしまった、わが家のまえに立った良寛は、38歳になっていました。
　しかし、良寛は、家をついでいる弟にめんどうをかけてはいけないと思ったのか、家には入りませんでした。
　良寛は、住む人のいない小さな家に宿をもとめ、村むらの家をまわって、わずかずつのお金や米などのほどこしをうけ、心のむくままの毎日をおくりました。
　越後の空の下をめぐり歩くようになって8年、46歳になった良寛は、やっと、村の人たちがせわをしてくれた、国上山の五合庵におちつきました。五合庵は、山の中ほどにぽつんと建っている、たったひと間の家です。でも、さみしくはありません。鳥があそびにきます。鹿の鳴き声が聞こえます。すっかり仲よしになった、村の人びとや子どもたちもたずねてきます。そして、ひとり

になったときは、本を開き、歌をよみ、筆をとり、自分の心を静かに見つめながらすごしました。

● どろぼうのために眠ったふり

　月のたいへんきれいな、ある夜のことです。

　ふとんを、すっぽりかぶってやすんでいた良寛は、へんなもの音に目をさましました。そっと目をあけると、ほおかぶりをした男がいます。どろぼうです。

　どろぼうは、へやの中をさがしても、取っていくものが何もないのに、こまっているようすです。やがて良寛がかぶっているふとんに、そっと手をのばしてきました。

「おや、このふとんが、ほしいらしい、よほど寒くてこまっているのじゃろう。よしよし、眠ったふりをしておいてやろうか……」

良寛は、目をうすくあけたまま、かるい、いびきをかいてやりました。やがて、どろぼうは、良寛のからだのぬくもりが残っているふとんをかついで、月の光の中へかけだしていきました。

「やれやれ、かわいそうな、どろぼうじゃった」

良寛の口からもれたのはこれだけです。そして空の月をながめて「でも、あの美しい月を取られなくてよかったわい」と心でつぶやくと、くすりと笑って、どろぼうが開け放っていった戸を、かたりと閉めました。

これは、良寛の心のやさしさを伝える話です。

冷たい風の吹く日のこと、みすぼらしいひとりの男が、五合庵へやってきました。すると良寛は、自分の食べるものがなくなるのもかまわずに、ありったけの米でおかゆをつくって男に食べさせ、そのうえ、自分が身につけていた着物をぬいで、男にあたえたという話も、伝えられています。

● タケノコのために縁に穴

良寛は、人にやさしくするだけではなく、命があるも

のはどんなものも、心からいたわりました。

　夏が近づいた、朝のことです。

　ふと、縁側の下をのぞいた良寛は、びっくりしました。土から頭をだしたタケノコが、いまにも、縁につかえそうです。

「これはたいへんじゃ。よし、ちょっと待っていなされ」

　良寛は、急ぎ足で村へ行って、農家から、のこぎりを借りてきました。そして、タケノコのじゃまになる縁側に穴をあけてやりました。

「ほうら、さあ、どんどんのびるといい」

　良寛は、まるで子どもにでも話をするように、タケノ

コに声をかけました。ところが、10日ばかりのうちに、また、たいへんなことになってしまいました。

　みるみるうちに、良寛の背たけよりも高くなったタケノコは、屋根のひさしにつかえてしまったのです。
「おやおや、これは、かわいそうに」
　良寛は、こんどは、ひさしにも穴をあけてやりました。
「ほうれ、こんどこそ、だいじょうぶじゃ」
　ひさしの穴から空を見あげた良寛は満足です。やがて、すっかり生長した竹は、五合庵の屋根の上に枝をのばして、さらさら音をたてるようになりました。

●五合庵に別れをつげて

　良寛は、耳をすますと風の音が聞こえる静かな五合庵が、たいへんすきでした。死ぬまで、ここにいてもよいとさえ思っていました。

　ところが、五合庵へきて10数年の歳月が流れ、顔にふかいしわのおおくなった良寛には、たきぎ集めもしなければならないひとりきりの生活が、すこしずつたいへんになってきました。五合庵から村までの道ばたで、長いあいだひと休みすることも、おおくなりました。

　そんなある日、村の人たちに、国上山をおりて、村の乙子神社の庭にあるいおりに住むように、すすめられま

した。村の人たちは、良寛のからだを心配してくれたのです。良寛は、村の人たちのあたたかい思いやりに、なみだを流しました。

「五合庵さま、ながいあいだおせわになりました」

数日ご、良寛は、手をあわせて五合庵に別れをつげ、国上山をくだりました。本はいつも借りて読んでいましたから、村の人が作ってくれたふとんのほかには、わずかなにもつしかありません。みんな、村の子どもたちがはこんでくれました。

新しいいおりには、村の人たちが、イモや大根がおいしくにえたといっては、とどけてくれます。良寛は、すっ

かりおちついて、ひまをみつけては、それまで以上に、歌をよむことや書をかくことにはげみました。

　良寛は、歌人が作った形にはまった歌はきらいでした。書家がかいたととのいすぎた書も、きらいでした。世の中のしきたりよりも、人間の自由な心をたいせつにして生きてきた良寛は、歌も書も、自由でおおらかなものを愛したのです。

　五合庵に住んでいたころから、良寛の歌や書は、遠くの人たちが教えをうけにくるほど、有名になっていました。でも、先生になったような顔をする良寛ではありません。

　人がたずねてくれば、だれとでも月をながめながら歌のことを語りあい、村の子どもにたのまれれば、空に上げるたこにも「天上大風」などと、たのしい字を書いてやりました。

●野に咲いた花のような生涯

　69歳になった年、良寛は、こんどは、木村元右衛門という人の屋敷にあるいおりに移り、元右衛門のせわをうけることになりました。良寛のからだが、すっかり弱ってしまったからです。

　ある日、この新しいいおりに、若くて美しいひとりの尼がたずねてきました。名を貞心といいました。良寛の

清らかな心と美しい歌をしたって、教えをうけにきたのです。それからのちの良寛は、貞心がくれば、歌をよみあい、手まりうたをうたいあって、楽しい日をすごしたということです。

　しかし、それも、ほんのわずかのあいだでした。73歳の秋から床の中ですごすようになった良寛は、つぎの年の正月に、二度とめざめることのない眠りについてしまいました。道行く人をなぐさめる野の花のような、心やさしい生涯でした。この世にのこしたおおくの歌や書も、そのあたたかい生涯とともに、今も、おおくの人びとに愛されています。

葛飾北斎
かつしかほくさい

(1760—1849)

絵ひとすじに生き『富嶽三十六景』をかいて世界に名を残した江戸時代の浮世絵師。

● すぐれた浮世絵師をめざして

江戸時代に、人びとの生活や、しばい役者のすがたや、それに美しい女性や風景などをえがいた、浮世絵とよばれる日本画が盛んになりました。初めは、すみでえがいた黒一色だけの絵でしたが、のちには、あざやかな色がつけられました。そして、しだいに1枚ずつえがく肉筆のものよりも、木や銅に彫りつけて刷りあげた版画がおおくなりました。

葛飾北斎は、江戸時代も終わりのころの、この浮世絵の画家です。年老いてから名画『富嶽三十六景』を世に残し、世界に名が知られる浮世絵師となりました。

北斎は、1760年に江戸（東京）の本所で生まれました。北斎が葛飾と名のるようになったのは、本所が、むかしは下総国（千葉県）葛飾郡にぞくしていたからだといわ

れています。
　両親のことや、幼いころのことは、よくわかりませんが、5歳のころ、幕府におさめる鏡を作る職人の家へ養子にだされたようです。ところが、その養子先をまもなくとびだしてしまい、そのご両親にも死に別れて、たいへん苦労したとつたえられています。
　15歳のころ、彫りもの師のところへ弟子入りして、彫刻を学びました。しかし、同じころ貸本屋ではたらき、たくさんの本を背おって家いえをまわりながら、本のさし絵から絵を学び、やがて絵の道をこころざすようになったともいわれています。

18歳のとき、江戸で名高い浮世絵師勝川春章のすみこみの弟子になり、本格的に、浮世絵の勉強を始めました。そして、つぎの年には、早くも役者絵や『黄表紙』『洒落本』などとよばれた小説のさし絵をかき、またたくまに、春章の目を見はらせるようになりました。
「売れることだけを考えて、人物ばかりかいていても、うでは上達しない。ほかの絵も研究して、花でも鳥でも風景でも、りっぱにかけるようにならなければだめだ」
　このように考えた北斎は、春章に学ぶかたわら、さらに名高い狩野派の先生にも、中国ふうの絵をおそわりました。
　ところが、このことが春章の耳に入って、北斎は、弟子をやめさせられてしまいました。自分の弟子がほかの先生の教えをうけるのは、春章のはじだ、としかられてしまったのです。
　春章の家を追いだされた北斎は、その日から生活に困りました。しかし、すぐれた画家になるために、おおくの先生から学ぼうとしたことを、けっして悪いことだったとは思ってはいませんでした。
　この、春章の弟子をやめさせられた話は、事実かどうかわかりません。でも、北斎が、つねに新しい絵を研究するように心がけていたことは、ほんとうのようです。

だからこそ北斎は、江戸時代を代表する浮世絵師になれたのでしょう。

● 93回もかわったすまい

　先生もすむところも失った北斎は、きたない裏長屋を借りて、貧しい生活を始めました。春章にみとめられてはいましたが、まだまだ、名もない北斎の絵など1枚も売れず、たべていくために、祭りのちょうちんや夏のうちわの絵をかきました。また、絵をかく仕事がなくなれば、こよみやトウガラシなどを売って歩きました。

　しかし、どんなに苦しくても、浮世絵を学ぶ心だけは

忘れませんでした。そして、お金がなくて先生のところには入門できなくても、いろいろな流れをくむ絵を自分の力で学びつづけました。

20歳をすぎておよそ15年のあいだは、のちの世に残るような絵は、わずかしかかいていません。北斎は「絵が売れないのは修行がたりないからだ」と、自分にいい聞かせながら、写生に写生をかさねて、ほんとうに生きた絵の勉強に励みました。

やっと、絵ひとすじの生活ができるようになったのは、35歳のころからです。

まず、初めに力を入れたのは、世のなかのようすをおもしろおかしく歌にした狂歌のさし絵や、顔もからだもほっそりとした美人画でした。なかでも、狂歌のさし絵に、町の通りや神社や海岸などであそぶ人びとのすがたをおおくえがき、ひとつひとつの絵のちみつさで、江戸の人気を集めました。

北斎は、ほんとうの名を鉄蔵といいましたが、雅号に北斎を名のるようになったのは、37歳のときです。

春章に弟子入りしてからは春朗、35歳からは宗理と名のっていました。そして狂歌のさし絵で自分の絵に自信がついたときに、北斎を名のるようになったのです。

北斎は、そのごこの雅号を22年のあいだもちいまし

たが、生涯のうちには、このほかにおよそ30回も雅号を改めたといわれています。雅号を何ども改めたのは、お金がなくなると自分の号を弟子に売ってしまったのだ、とつたえられています。また、新しい絵の世界をきりひらくたびに古い号をすて、新しい号を名のって、つねに新しい気持ちで絵にとりくんだのだ、ともつたえられています。いずれがほんとうのことかわかりませんが、北斎がたいへんかわった人物であったことは事実のようです。

　数おおくかえたのは雅号だけではありません。一生のうちに93回も、すまいをかえています。そして、ある

ときは家の入り口に百姓八右衛門と書いた名ふだをかけ、家財どうぐは何ひとつないへやいっぱいに紙をちらかして、絵をかいていたということです。

● いつももちつづけた芸術家の誇り

かわりもののうえにがんこで、さらに芸術家としての誇りをもっていた北斎は、武士であろうと将軍であろうと、けっしておそれませんでした。絵をたのみにきた武士がいばっていれば、たとえ大名の使いでも、へんじもしませんでした。

将軍の前で絵をかかされたときのこと、いっしょにいたほかの浮世絵師はとくいの絵をまじめにかきましたが、北斎は、長い絹のぬのをひろげると、大きなふでで一気にあい色の線をひきました。そして、ニワトリを１羽持ちだしたかと思うと、２本の足の裏に朱肉をつけて絹の上を歩かせました。

将軍は、おかしなことをするやつだと、北斎をみつめていました。ところが、北斎がニワトリをとらえたあとには、川に散ったまっかなもみじの葉が、美しい水に浮いて流れていく絵が、みごとにできあがっていました。

これを見た将軍は、口では絵をほめ、心では、北斎の人をおそれぬたいどに感心したということです。

　北斎は、人かられいぎ正しくたのまれれば、いつも心やすく絵をかきましたが、まがったことをいわれると腹をたて、せっかくかきあげた絵でも売りませんでした。
　北斎と名のってまもなくのころ、長崎にいるオランダの商人にたのまれ、150両で大きな絵をかきました。すると、その絵を見たほかのオランダ人から、同じ絵をかいてくれるようにたのまれました。ところが、できあがった絵をとどけると、ねだんを半分にまけるようにいわれ、北斎は絵を売らずに持って帰ってきてしまいました。
「同じ絵を、ひとりには150両で売り、もうひとりには75両で売ったことがわかると、日本の浮世絵師は、

かけ値をするといわれる。これでは日本人のはじになる」

このとき北斎は、絵を安く売るのをそんだと思ったのではなく、日本の芸術家の誇りをたいせつにしたのです。

また、北斎は、たたみ120じょうほどもある紙に、とてつもなく大きなだるまをひとつかいたり、ひとつぶの米に2羽のスズメをかいたりして、人びとをおどろかせたこともありました。

しかし、芸術家北斎は、たとえ人から見ればいたずらと思えるような絵でも、けっして、いいかげんにはかかなかったといわれています。

● 生き生きとえがいた小説のさし絵

40歳をすぎたころからは、役者絵、美人画、狂歌のさし絵などとともに、風景画と、このころ「読本」とよばれていた小説のさし絵を、おおくてがけるようになりました。

風景画は、ほとんどが木または銅版に彫りつけた版画でしたが、そのえがき方には、西洋の絵の技術や、風景のなかで遠くにあるものは絵のなかでも遠くに見えるようにする遠近法などをとり入れ、北斎しかかけない新しい絵を完成させていきました。

「読本」は、源 為朝のことを物語にした『椿説弓張

月』をはじめ、伝記、伝説、怪談などがほとんどでしたが、北斎は、本のなかから人のうめき声も鉄砲の音も聞こえてくるような迫力のあるさし絵をかき、そのごの小説のさし絵に、大きなえいきょうをあたえました。

　50歳をすぎると『北斎漫画』と名づけた、絵の手本を出版しました。これから絵を学ぼうとする人たちのために、人物、動物、花、風景など300をこえる絵をかいて、本にしたのです。そして、この『北斎漫画』は、そのごも次つぎに出版をつづけ、最後には15冊を数えるようになりました。

　『北斎漫画』におさめられた絵は、15冊をあわせると

3000枚をこえ、画家としての北斎のうでが、いかにすばらしいものであったかを物語っています。

このころの江戸には、役者のすがたや美人の絵を売りものにする浮世絵師がたくさんいました。しかし、北斎は、売れればよいという絵をかくことには満足せず、年をとればとるほど、ほんとうの芸術家の道へつき進んでいきました。

● 世界に遺した『富嶽三十六景』

『北斎漫画』をかき始めたころから、ときどき江戸をはなれて旅をするようになった北斎は、東海道からまぢかに見た富士山の美しさが忘れられなくなり、『富嶽三十六景』をえがき始めました。

いくえにもたなびく雲のなかに、まっかにもえてそびえたつ雄雄しい富士。さかまく波のむこうに、ぽっかりと白い頭をのぞかせている、かわいい富士。おりかさなる山かげから、道を急ぐ旅びとたちをそっと見おろしている、さみしそうな富士。はたらく人びとを見まもるようにして、いつもだまって立っている、やさしい富士。

北斎は、およそ数年、こんな富士のすがたを心をこめてえがきつづけ、美しい版画にして、次つぎと発表していきました。そして、三十六景の富士山をえがき、裏富

葛飾北斎画『冨嶽三十六景　凱風快晴』

士とよばれる十景をあわせて、全部で46枚の絵を完成させました。

　この富士山の絵が売りだされると江戸の人びとは、北斎を富士山の画家とたたえるようになりました。

　しかし、北斎は、富士の美しさに心をひかれて46枚の絵をかきましたが、富士山だけをえがいたのではありませんでした。山といっしょに、人、空、雲、海、川、舟、町、村、橋などを、たんねんにかきこみ、北斎がそれまでに学んできた絵の技術のすべてを、1枚1枚の絵のなかにそそぎこんだのです。

　北斎は『冨嶽三十六景』につづいて、さらに『冨嶽百景』

をかきましたが、そのとき、こんなことを語っています。
「これまでに、ずいぶんおおくの絵をかいてきたが、70歳までにかいたものには、ろくな絵はない。73歳になって、やっと、生きもののほんとうの形や、草木の生きているすがたが、わかるようになった。だから、80歳、90歳、100歳になれば、もっと進歩して、どんなものも生きているように、かけるようになるだろう」

このことばは、北斎が、最高の芸術家へむかって、つねに努力をつづける心をもっていたことを、つたえています。こういう精神で富士山にたちむかったからこそ、『富嶽三十六景』はのちに浮世絵風景画の最高けっ作とよばれるようになり、さらにはヨーロッパにもつたわって、セザンヌ、ゴッホ、ドガなどの大画家から世界の北斎とよばれるようにさえなったのです。

● 絵をかくことだけに生きた人生

北斎は『富嶽三十六景』『富嶽百景』のあと『諸国滝廻り』『諸国名橋奇覧』『琉球八景』などをかきつづけ、88歳で、いつもあかあかともやしつづけた芸術家の生涯を終えました。病気でたおれても、手からふでをはなそうとしなかった北斎は、自分の死が近いのを知ったとき、つぎのようなことを、つぶやいたとつたえられています。

「天が、もし、わたしにもう10年の寿命をくれるなら、いや5年でよいから生かしておいてくれるなら、ほんとうの絵かきになってみせるのだが……」

　ほんとうに、おそろしいほどの、しゅう念です。
　北斎は、絵が売れてお金が入っても、それを持ってあそびに行くこともなく、おいしいものをたべるでもなく、お金は、つくえの引きだしなどに、むぞうさに投げこんでいたといわれます。

　どんなにきたない裏長屋にすんでいても気にせず、みえもなければ欲もなく、89年の長い人生のあいだ、絵をかくことだけしか考えませんでした。

石田梅岩（1685—1744）

　石田梅岩は、町人の道を教える心学をはじめて説いた、江戸時代中ごろの学者です。

　丹波国（京都府）の農家に生まれた梅岩は、10歳のとき京都の商家に奉公にだされ、一時は、奉公先がおちぶれて帰郷しましたが、22歳の年に、ふたたび京へでて呉服商にやとわれました。

　そのころ、京都や大坂（大阪）では、幕府がおかれている江戸とともに商業が活発になり、商人を中心にした町人社会が栄えはじめていました。しかし、幕府が定めた士農工商の身分制度によって、工・商にたずさわる町人は、農民と同じように、武士にくらべると、すべてのことに差別されていました。

　梅岩は、商売のかたわら、神道、儒教、仏教などを自分の力で学んでいきました。町人への差別を不満に思い、人間が人間らしく、町人が町人らしく生きる道を求めたからです。35、6歳ころからは、人の道を説く儒者たちの教えにも耳をかたむけ、自分の考えを深めていきました。

　ある日、梅岩は家の前に張り紙をだしました。
「学問のすきな人は、だれでもえんりょなく、わたしの話をききに、おいでください。お金はいりません」
　人間のほんとうの心のあり方をさぐりあてた梅岩は、それを世の中に広める決心をしたのです。
「町人として、りっぱに生きていくためには、正直、倹約、かんにんの3つを、心がけなければいけません……」
　むずかしい学問を説くのではありません。梅岩の口からもれるのは、どんな人の心にもしみ入る、やさしい教えでした。梅

岩が語るだけではなく、考えることのたいせつさをさとらせるために、町人どうしで話しあいもさせました。また、人の生き方を説きながら、商人として守らなければならないことも教えました。梅岩は、もうけさえすればよいという商人の考えには、反対だったからです。このほか、養父養子の義理や財産相続の問題など、町人の日常の生活に必要なことも教えました。

　44歳のときには『都鄙問答』4巻を著わして、それまで説いてきたことを世にだしました。また、手島堵庵をはじめおおくの門人を育て、それぞれ道場を開かせて、さらに全国各地へ教えを広めさせました。のちに道場は200あまりを数えるほどになったということです。

　梅岩は、59歳で、心学にささげた一生を終えました。町人のなかから芽ばえた学問が、これほど広く人びとに受け入れられたことは、かつてなかったことでした。

賀茂真淵 (1697—1769)

　賀茂真淵は、江戸時代中ごろの国学者です。また、万葉ふうの和歌をよんだ歌人でもあります。

　真淵は、徳川綱吉が幕府を治めていた1697年に、遠江国（静岡県）浜松で生まれました。父は神社をあずかる神官でしたが、家は貧しく、家族は農業をして暮らしをたてなければなりませんでした。

　幼いころから学問がすきだった真淵は、10歳のころから国学、漢学、歌を学びながら成長し、やがて30歳をすぎると京都へでて、国学者荷田春満の門に入りました。

　ところが、数年ごに春満が亡くなり、先生を失った真淵は江戸に移って塾を開き、若い人びとへ講義をしながら国学の研究にはげむようになりました。また、49歳から63歳までの15年間は、江戸幕府8代将軍吉宗の子の田安宗武にめしかかえられ、日本古代の研究を深めていきました。

「日本人のほんとうの心は、古典のなかにある。われわれは、日本の古い文学や歴史を見なおさなければだめだ」

　真淵が考えたのは、中国から渡ってきた儒学の教えなどよりも、日本古代からの学問や文化をたいせつにして、日本という国を、もういちどしっかり、とらえなおそうということでした。

「日本人の心は、天皇から名もない貧しい人の歌まで、およそ4500首を集めた万葉集のなかに、いちばんよく表われている」

　真淵は、万葉集の研究にとりかかりました。そして、歌の意味や、よんだ人の心を深く考え、ひとつひとつの歌に解説を加えた『万葉考』と題する本を出版しました。また、日本の古代

からのことばや思想などについて考えた『文意考』『歌意考』『国意考』なども、次つぎに著しました。

　いっぽう、国学の研究といっしょに歌もよみつづけました。とくに、上品さをたいせつにする新しい歌よりも、自分の心をそぼくに表わす古い形の歌をおおく作り、日本の和歌のほんとうの美しさを、人びとに見なおさせました。

　国学と和歌をとおして日本を愛した真淵は、1769年に72歳で世を去りました。

　しかし、国学の研究は、『古事記伝』を著した本居宣長から、さらにその門人の平田篤胤へと受けつがれ、のちに、荷田春満、賀茂真淵、本居宣長、平田篤胤の4人を、国学の四大人とよぶようになりました。そして、この国学の思想は、そのごの日本人の心にはかりしれないえいきょうをあたえ、やがては明治維新の志士を生む、大きな力にもなりました。

青木昆陽 (1698—1769)

　青木昆陽は、江戸時代中期に蘭学の基礎をきずいた蘭学者ですが、日本じゅうにサツマイモを広めた功績者としても有名です。

　1698年、江戸（東京）日本橋の魚問屋に生まれた昆陽は、若いころから学問がすきで、京都にのぼって儒学者伊藤東涯に学びました。東涯の学問は、古義学という学風で、実さいに役に立つ学問、実学を重んじていました。昆陽がのちに甘藷（サツマイモ）の普及に努力したのも、東涯の研究のしかたを身につけていたからでしょう。

　江戸に帰った昆陽は、小さな塾を開くかたわら、両親のめんどうをみていました。やがて父が死に、3年ごに母が死ぬと6年ものあいだ喪に服していました。そんな孝行心が学問とともに世に知られ、町奉行大岡忠相に認められるようになりました。

　そのころの日本は、4、5年ごとに米のとれない年がくり返され、おおくの人が飢えに苦しんでいました。とくに1732年からよく年にかけて全国的な不作にみまわれました。各地で一揆がおき、飢え死にする人もかなりの数にのぼりました。

「そうだ、甘藷がいい。甘藷のおかげで薩摩（鹿児島）ではひとりも飢えた人はなかった。甘藷は荒れ地でもたくさんできる」

　昆陽は、サツマイモについて、さらにくわしく調べました。そして、サツマイモの効用、作りかた、食べかたなどを記した『甘藷之記』を書いて、大岡忠相にさしだしました。忠相はすぐにそれを将軍吉宗に報告しました。吉宗は感心して、さっそく昆陽に試作するように命じました。

　小石川の薬園などでおこなわれた試作は成功し、その年の秋

には、まるまると肥えたサツマイモがたくさんとれました。
「うーむ、これは味もよい。ぜひ国じゅうに広めてくれ」
　吉宗の命をうけて昆陽は、実地の研究をもとにしたサツマイモのやさしい作りかたの本と種イモを、いたるところにくばって栽培をすすめました。昆陽が「甘藷先生」といわれるようになったのは、このためです。サツマイモが全国に普及すると、昆陽はその功績により、幕府の書物方となり、のちに書物奉行にまでなりました。一町人の子が、幕府の奉行にまでなったのですから、当時としては、たいへんな出世でした。
　将軍吉宗は、さらに昆陽にオランダ語を学ぶことを命じました。昆陽は江戸にきたオランダ人から、いろいろなことを学び『和蘭文訳』などを書いて、蘭学がさかえるもとをひらきました。これらの本は、のちにオランダ医学書をほん訳した杉田玄白や前野良沢らの基礎となっています。

与謝蕪村（1716—1783）

春の海ひねもすのたりのたりかな

この名句で知られる与謝蕪村は、1716年に、摂津国（大阪）の農家に生まれました。少年時代のことはよくわかりませんが、両親を早く亡くし、さみしさをまぎらすためか、いつも文学や絵に夢中になっていたと伝えられています。

20歳のころ、ひとりで江戸へでて、俳句と絵を学び始めました。ところが、5年のちに俳句の師とあおいだ夜半亭宋阿が亡くなると、50数年まえに俳人芭蕉が歩いたあとをしたって、気ままな旅にでました。そして、およそ10年のあいだ、自由に句を作り絵をかき、1751年に京都へおちついたときには35歳になっていました。

ふるさとに近い京都で、蕪村がまずうちこんだのは、学者や文人たちがおおくえがいたことから文人画とよばれるようになった、日本画でした。

「文人画の名人池大雅の絵とならぶ、けっ作だ」

自然を深く見つめた絵は人びとの心をとらえ、45歳をすぎた蕪村は、おしもおされもせぬ文人画の大家になりました。

蕪村には、絵の師はいませんでしたが、名画を見て学び、心の目でものを見つめて、自分の絵を完成させたのです。

いっぽう、50歳をすぎてからは、ふたたび俳句の世界へもどり、54歳のときに、まわりの人びとにおされて夜半亭の2代めをひきつぎ、俳諧の宗匠になりました。

このころから蕪村は、絵をかく心と句を作る心をかさねて、まるで、目の前に美しい景色を見るような句をよむようになり、

夜半亭にはおおくの門人たちが集まりました。
　菜の花や月は東に日は西に
　牡丹散りて打ちかさなりぬ二三片
　こんな句を口ずさむと、夕暮れどきのまっ黄色の菜の花畑の美しさや、地に落ちた牡丹の赤い花びらのあざやかさが、まぶたの奥に広がってきます。しかし、美しさの裏がわに、さみしさと悲しさを秘めた句です。
　蕪村は『野馬図』『四季山水図』などの名画と、およそ3000の俳句、それに、年老いてからは、芭蕉の『奥の細道』などの紀行文に絵をつけた俳画も残して、1783年に、67歳の生涯を終えました。
　つねに人生を見つめた芭蕉の句にくらべ、蕪村の句は、さほどのきびしさはありません。しかし、美しさとあたたかさにあふれ、今も、芭蕉の句とともにおおくの人に親しまれています。

田沼意次 (1719—1788)

　田沼意次は、江戸時代中ごろの、幕府の政治家です。父は足軽から身を起こした、あまり身分の高くない武士でしたが、第9代将軍徳川家重と第10代将軍家治につかえた意次は、将軍のそばで雑用をする小姓から、将軍の命令を老中へ伝える御側用人へ、さらに幕府最高職の老中へと、おどろくほどの大出世をしました。

　幕府の中心で活躍するようになった意次は、将軍さえもあやつるほどの権力をふるい、思いきった政治を、次つぎに実行していきました。しかし、それは民衆のための政治ではなく、すべて、幕府を豊かにするためのものでした。

　まず、海産物の加工を盛んにしてオランダや中国へ輸出し、かわりに金や銀を輸入するようにしました。

　次に、銅、鉄、真ちゅう、菜種油、生糸、朝鮮人参、石灰、硫黄などを幕府がすべてとりしまる制度をつくり、一部の商人に生産や売り買いの許可をあたえるかわりに、その商人には高い税をおさめさせて、幕府がうるおうようにしました。

　また、新しい貨へいを造ることや、鉱山を新しく開くことに力を入れたほか、下総国（千葉県）印旛沼を干しあげて農地を広げることや、蝦夷（北海道）を開拓することなども計画しました。

　外国との貿易や蝦夷の開拓に目を向けた意次は、たいへん進んだ考えをもっていたのです。

　ところが、幕府のことを中心に考えた政治は、やがて、みにくいことをさらけだすようになっていきました。それは、特別な商人にだけ商売の権利をあたえたことにより、幕府の武士や

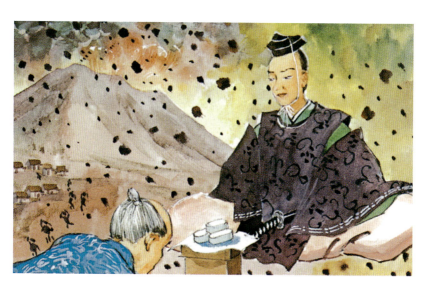

役人と商人のあいだで、わいろがやりとりされるようになったことです。そして、お金の力で政治がゆがめられるようになってしまいました。

いっぽう、大ききん（天明の飢饉）が広がっているというのに、貧しい人びとを救う政治はおこなわれず、そのため都市の町民は米屋や質屋をおそい、農民は一揆を起こして領主をおそい、世の中はすっかり乱れてしまいました。

こうなると、意次の政治へのひはんが強まるのはとうぜんです。1784年に、意次の長男の意知が、江戸城で殺される事件が起こると、2年ごには、意次も老中職を追われてしまいました。政治の権力をにぎっていたあいだ、意次の家には、わいろの金銀が山をなしていたといわれています。しかし、この話は、事実かどうかわかりません。意次は暗い心のまま69歳で亡くなりましたが、この時代に、学問や芸術はたいへん栄えました。

円山応挙 (1733—1795)

あるとき応挙は、山かげに眠っているイノシシをかきました。ところが、絵を人に見せると「背中のいかり毛が立っていない。このイノシシは病気で死にかかっていたのだ」といわれました。そこで応挙は、こんどはほんとうに眠っているイノシシをさがしだして、写生をしなおしました。

これは応挙が、実物そのままの絵をかくために、いかに写生をたいせつにしたかを伝える話です。

円山派とよばれる、写生をきそにした日本画を完成した円山応挙は、1733年に、丹波国（京都）の農家に生まれました。

少年時代に農業をはなれて寺にあずけられたことがありました。しかし、絵がすきだった応挙は、15歳になったころ京都にでて呉服屋などではたらきながら、狩野派の石田幽汀の弟子になって絵を学び始めました。

応挙を、初めに有名にしたのは、オランダ・中国から渡ってきて日本人をおどろかせていた眼鏡絵です。それは、箱にレンズと反射鏡をつけて、そこから箱の中をのぞくと、箱の奥の絵が浮き出して見えるというものでした。

応挙は生活に困って、この絵をかいているうちに、遠くのものはほんとうに遠くに見えるようにえがく遠近法や、ものをありのままにえがくための写生法を身につけ、眼鏡絵の画家として名を高めたのです。

30歳をすぎた応挙は、眼鏡絵でおぼえた技術を取り入れて、山、木、花、鳥などの日本画をおおくかくようになりました。そして、40歳までの10年ちかくは、絵の才能をみとめられ

て近江国(滋賀県)園城寺の円満院宮にめしかかえられ、東洋の古い絵を写して学びながら、さらに、うでをみがきました。
　応挙が、のちの世に残る、ほんとうにすばらしい絵をかくようになったのは、40歳をすぎてからのことです。とくに、びょうぶ絵や、ふすま絵に力をそそぎ『孔雀図屏風』『遊虎遊鶴図襖絵』『雪松図屏風』などで、天下一の画家とたたえられるようになりました。応挙の名をしたって集まった弟子たちは、おおいときは100人を越したといわれています。
　しかし、年をとってからの応挙は目が不自由になり『保津川図屏風』を最後に、江戸時代の中ごろに花を咲かせた、62歳の生涯を終えました。
　画家としては、はなやかでしたが、自分の生活では、着るものも、食べるものも、住むところも、まったく気にしませんでした。ただ絵をかくことだけに、情熱をそそぎつくしたのです。

上田秋成（1734—1809）

　丈部左門は、あるとき旅先で病気で苦しんでいる赤穴宗右衛門を助けました。そして、心がとけあったふたりは、やがて兄弟のちぎりをむすびました。ある日、宗右衛門は、秋の菊の節句には必ずもどると約束して、郷里へ旅立ちました。さて、菊の節句の日、左門が待ちわびていると、夜になって宗右衛門がもどってきました。ところが、宗右衛門は、左門が用意した酒ものまず「わたしは、もうこの世にはいないのです」といって、かき消すように見えなくなってしまいました。宗右衛門は郷里にとじこめられてもどれなくなり、自害して幽霊となって、約束を果たしに左門のところへやってきたのでした。

　この怪談は、上田秋成が、中国の古い物語をもとにして書いた『雨月物語』のなかのひとつです。

　秋成は、1734年に摂津（大阪）曽根崎で生まれました。しかし、父のことは名も顔もわからず、4歳のときには油屋へ養子にもらわれて、母ともはなれてしまいました。そのうえ、5歳のときに重い天然痘にかかって手の数本の指が不自由になり、暗く悲しい気持ちで、人生を歩まなければなりませんでした。

　少年時代から文学がすきだった秋成は、20歳をすぎると、とくに、日本の古い文学に親しむようになりました。そして、俳句や和歌を作り、小説を書き、34歳のころには、すでに名作『雨月物語』をまとめあげていました。

　ところが、37歳のときからとつぜん医学を学んで医者になりました。火事で油屋が焼けて家も財産もなくし、新しく生活していくために医者の道をえらんだのです。そして、しだいに

　生活が豊かになると、医者のかたわら国学を学び、『万葉集』『伊勢物語』などを研究して歴史に残る本を次つぎに著わしていきました。国学のことで、本居宣長と意見をきそったことは有名です。
　1788年、54歳になった秋成は医者をやめました。病人に親切だった秋成は貧しい人びとにしたわれていましたが、ひとりの少年の診察をあやまって死なせてしまい、責任を感じて医者を捨ててしまったのだ、といわれています。
　そののちの秋成は不幸でした。京都に住んで、茶道を楽しみ、歌をよみ、小説を書くあいだに、愛していた妻を亡くし、自分は目をわずらい、いつも、心のさみしさと闘いながら生きていかなければなりませんでした。
　しかし、苦しい生活のなかでも文学を愛することは忘れず、最後に『春雨物語』を書き残して、75歳で亡くなりました。

「読書の手びき」

塙保己一

江戸初期までの日本の国史、国文などの古書3373種、これを神祇、帝王、律令などの25部門に分類して集大成した『群書類従』。正編は530巻670冊、続編は1150巻1185冊。この、日本の国史、国文に関する最大史料集を完成（続編は死ご）させた塙保己一は、幼年時代に病気で視力を失ってしまった全盲の国学者でした。保己一は、記憶力にすぐれていたといわれます。人が読んでくれたものを聞いて覚え、それを頭の中で整理して、日本の古典を種類別にまとめていったのです。また『源氏物語』などをすべて自分の頭につめこんで、すばらしい講義を続けました。これは、人間の限界に挑戦して勝利をおさめた、おどろくべきことです。保己一は、自分自身に勝ったのです。しかし、これほど克己心の強かった保己一でも、「何事も見えぬになれてなげかねどふじとし聞かば涙こぼるる」と歌ったといわれます。富士山といえば、やはり眼で見てみたかったのでしょう。

良寛

良寛の父は、領主の命令を受けて村をおさめる名主でした。形のうえでは村長です。しかし、自主的な政治は許されず、つねに領主に支配されながら、貧しい農民から年貢の取りたてをおこなわなければなりませんでした。長男だった良寛が出家したのは、ひとつには、この仕事をつぎたくなかったからだろうといわれています。出家した良寛は、支配や権力のない世界で超俗的な生涯を送りました。しかしそれは、たんに俗界から逃げたというのではなく、禅によって悟りをひらき、その悟りの境地で生き続けたのではないでしょうか。シラミも自分といっしょに日なたぼっこをさせ、自分が立つときは、そのシラミを、また自分のふところに入れたと伝えられていますが、これは禅で得た愛がなければできなかったこ